글 | 이유정

중앙대학교에서 문예창작을 공부했습니다. 유치원 선생님, 애니메이션 시나리오 작가 등
다양한 경험을 쌓다가 지금은 두 아들을 키우며 좋은 책을 쓰기 위해 궁리하고 있습니다.
쓴 책으로는 〈모두 모두 반대야〉, 〈한밤중 숲 속에서〉, 〈안 돼 안 돼 다치면 안 돼〉 등이 있습니다.

그림 | 민은정

이화여자대학교 동양화과를 졸업하고, 한국일러스트레이션학교를 마쳤습니다.
그린 책으로는 〈바퀴에서 우주선까지, 연기에서 인터넷까지〉, 〈역사를 담은 도자기〉,
〈우리 집 구석구석 숨은 과학을 찾아라〉 등이 있습니다.

누리 세계문화 41 옷 외계인 빠송 옷 구경 왔네

글 이유정 | 그림 민은정 | 펴낸이 김의진 | 기획편집총괄 박서영 | 편집 정재은 이영민 김한상 | 글 다듬기 박미향 | 디자인 수박나무
제작·영업 도서출판 누리 | 펴낸곳 Yisubook | 주소 경기도 고양시 일산동구 일산로67, 3층 | 고객상담실 080-890-7000
잘못된 책은 바꾸어 드립니다. 이 책에 실린 글이나 그림을 무단으로 복사, 복제, 배포하는 것을 금합니다.
⚠1. 사람을 향해 던지거나 떨어뜨리지 마십시오. 2. 고온 다습한 장소나 직사광선이 닿는 장소에는 보관하지 마십시오.

외계인 빠송 옷 구경 왔네

글 이유정 그림 민은정

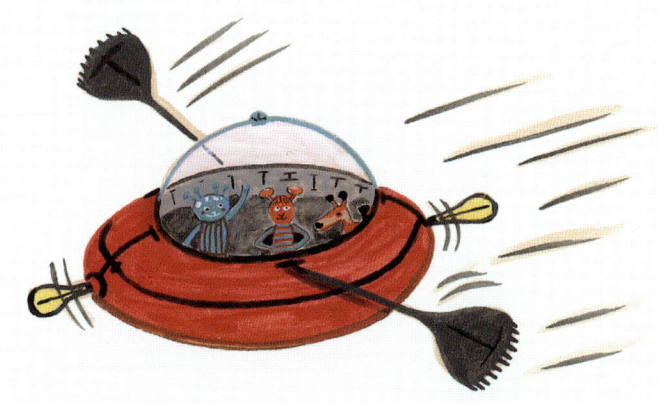

안녕? 난 쁘따뽀떼 별에서 온 빠송이야.
우리 별 사람들은 옷을 정말 좋아해.
그런데 지구별에는 나라마다 대표하는
특별한 옷이 있다며?
그래서 지구 곳곳을 돌아다니며
마음에 드는 옷을 몽땅 가져가려고 먼 우주를 날아왔어.
어떤 나라부터 가 볼까?

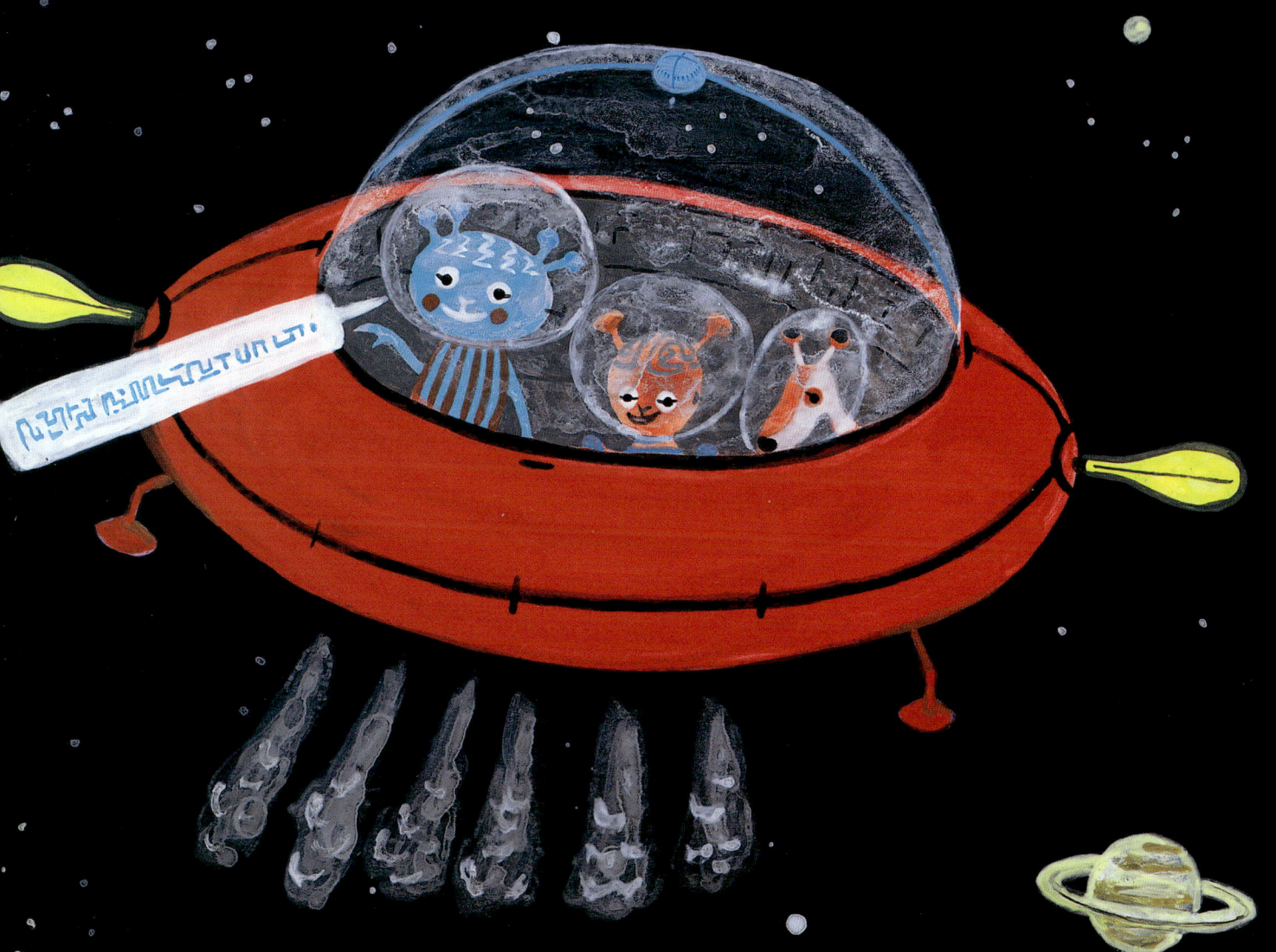

맨 먼저 찾아간 나라는 대한민국이야.
헐렁하고 편해 보이는 전통 의상 한복을 빨리 입어 보고 싶었거든.
위에는 저고리, 아래에는 치마를 입고
발에는 코가 뾰족한 버선을 신었지.
앞이 트인 저고리는 고름으로
여미게 되어 있어 입고 벗기가 쉽더라고.
아래가 바지인 남자 한복도 입어 볼까?

일본은 대한민국 바로 옆 나라인데도 옷 모양이 다르네.
한복은 위아래 옷이 나뉘어 있지만
일본은 어깨부터 발목까지 하나로 이어져 있는 기모노를 입잖아.
소매가 넓은 기모노에 허리띠 오비를 매고,
발에는 양말 다비를 신으니 금세 일본 사람이 된 것 같아.
그런데 다비는 왜 발가락 부분이 둘로 갈라져 있을까?
끈으로 연결된 신발인 게다나 조리를 신기 위해서겠지?

중국의 치파오도 기모노처럼 하나로 이어져 있는 긴 옷이야.
앞이 터져 있는 것도 한복이나 기모노와 비슷해.
하지만 끈으로 옷을 여미는 한복이나 기모노와 달리
치파오는 매듭으로 만든 단추가 달려 있어.
목을 감싸는 옷깃도 중국 전통 의상의 특징인가 봐.
다리 옆 부분이 트여 있는 것은 말에 쉽게 올라타기 위해서래.

인도의 전통 의상은 마술처럼 신기해.
사리를 두르면 여자 옷이 만들어지고,
도티를 다리 사이로 감으면 남자 옷이 만들어져.
그런데 뭐가 신기하냐고?
사리와 도티 한 벌만 있으면 여러 벌의 옷을 가진 것처럼
매일 다르게 입을 수 있거든.
사리와 도티는 한 장의 천이기 때문에
두르는 방법에 따라 다양한 모습을 나타낼 수 있어.

옷장 우주선을 타고 이번엔 좀 멀리 날아가 볼까?
뜨거운 나라 아프리카에도 인도처럼 한 장의 천을 둘러
옷으로 입는 나라가 있다고 들었거든.
바로 에티오피아의 샴마야.
남자도 여자도 모두 샴마로 온몸을 감싸고 있어.
아프리카는 더운데, 왜 반바지를 안 입고
긴 샴마를 입는 걸까?
아하, 뜨거운 햇볕으로부터 몸을 보호하기 위해서구나.

어, 이 나라도 햇볕이 엄청 뜨거운가 봐.
여자들이 머리부터 발목까지 꽁꽁 싸매고 있어.
아프가니스탄의 부르카는 눈 부분만 망사로 되어 있어서
그 사람이 어떻게 생겼는지 도무지 알 수 없을 정도야.
여자가 머리를 감추고 다니는 것은 이슬람교를 믿기 때문이래.
이슬람교에서는 남편이 아닌 다른 남자에게 맨머리를 보이는 것은
부끄러운 맨살을 보이는 것과 마찬가지라고 생각하거든.
아프가니스탄뿐만 아니라 이슬람교를 믿는 나라에서는
여자들이 모두 머리를 감싸고 있단다.

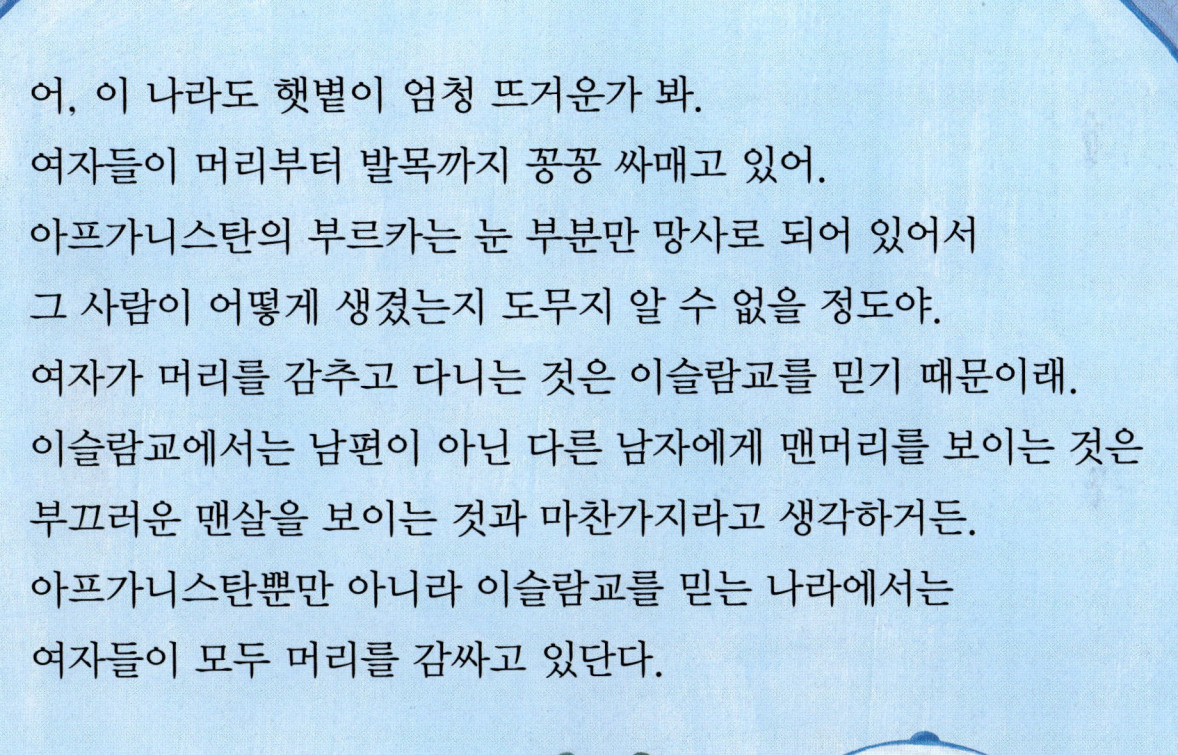

멋진 치마를 두르고 있는 내 모습 어때?
이건 영국 스코틀랜드의 전통 의상 킬트야.
스코틀랜드에서는 남자도 치마인 킬트를 입는대.
킬트의 체크무늬는 색깔과 모양에 따라
집안이나 신분을 나타내지.
어때, 늠름한 영국 남자처럼 보여?

섬나라 뉴질랜드에서도 남자와 여자가 함께 입는 치마를 찾았어.
아마라는 식물로 만든 퓨퓨야.
물결무늬에 술이 달린 퓨퓨를 입었으니
뉴질랜드 원주민 마오리 족처럼 춤을 춰 볼까.
무시무시한 얼굴 표정으로 적들을
모조리 쫓아내는 거지.
혓바닥을 길게 내미는 것도 잊으면 안 돼.

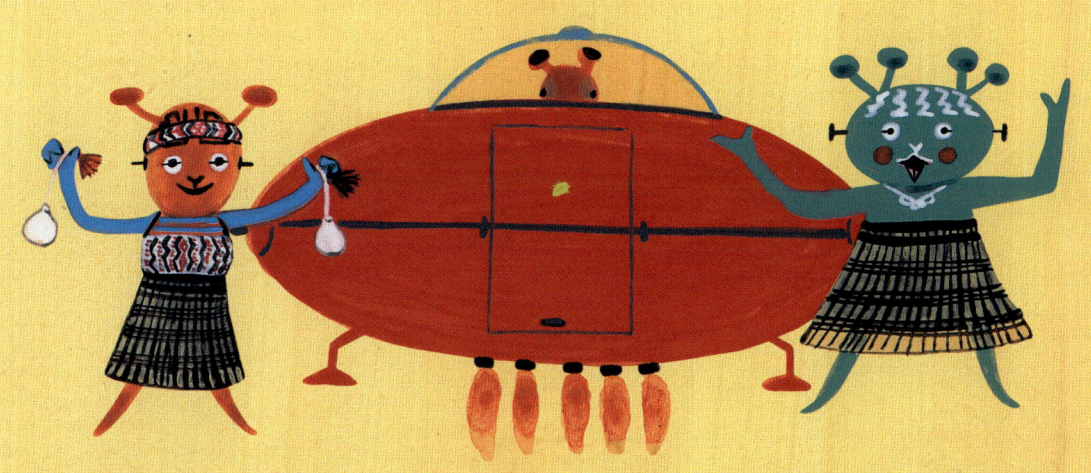

바다 건너 날아가다가
커다란 모자를 쓴 남자들이 있는 나라를 보았어.
바로 멕시코야.
챙이 넓은 모자 솜브레로는 햇빛을 막아 주고,
망토처럼 생긴 판초는 추위와 비를 막아 주지.
높은 산이 많은 멕시코에서는 멋지면서도
몸을 잘 보호할 수 있는 옷이 꼭 필요해.

드디어 지구의 끝 북극까지 왔어.
여긴 너무 추워서 따뜻한 옷이 필요해.
알래스카 사람들이 입는 파카처럼 말이야.
두꺼운 동물 가죽에 포근한 털과
머리를 감싸 주는 모자까지 달려 있어서
웬만한 추위에도 끄떡없지.

드디어 지구별 여행을 마쳤어.
옷장 우주선이 이만큼이나 꽉 찼단다.
쁘따뽀떼 별로 돌아가면
날씨에 따라 필요에 따라 재료에 따라
이렇게 다양한 옷을 지구별에서 구해 왔다고
자랑할 거야.
그럼 쁘따뽀떼 별에서
더 많은 친구가 지구별로 놀러 오겠지?
그때도 잘 부탁해.